Ce carnet appartient à

....

Made in the USA
Monee, IL
13 August 2021

75598971R00072